Símbolos en la Biblia: Sana Doctrina Cristiana

Sobrevolando la Biblia

Fanny M Goff and Sermones Bíblicos

Published by Seminit Publications, 2021.

While every precaution has been taken in the preparation of this book, the publisher assumes no responsibility for errors or omissions, or for damages resulting from the use of the information contained herein.

SÍMBOLOS EN LA BIBLIA: SANA DOCTRINA CRISTIANA

First edition. March 5, 2021.

Written by Fanny M Goff and Sermones Bíblicos.

Tabla de Contenido

Dedication

Apocalipsis 1:4. *Juan a las siete iglesias que están en Asia: Gracia y paz a vosotros, del que es y que era y que ha de venir, y de los siete espíritus que están delante de su trono: Y de Jesucristo, que es el testigo fiel, y el primogénito de los muertos, y el príncipe de los reyes de la tierra.* Pensad, queridos amigos, cómo puede cumplirse esta bendición. "Gracia a vosotros", dice, "y paz". ¿Y cuáles han de ser las fuentes y manantiales de esta paz? Primero ha de venir de Dios, de Aquel que es. Todo lo que Dios es, es una fuente de paz y gracia para nosotros. Y de Aquel que fue todo lo que siempre ha sido, el pasado eterno, los propósitos inmutables, la predestinación divina del Infinito. Aquí hay manantiales de paz y de gracia. Y de Aquel que ha de venir. Todo lo que Dios será siempre, todas las manifestaciones de su poder, su justicia, su amor, que las edades están aún por ver, todo esto son manantiales de gracia y paz para el propio pueblo de Dios. Quiero que penséis en esto. Y cuando vuestras mentes estén perturbadas, y tengáis necesidad de paz, y cuando vuestro corazón se esté hundiendo y tengáis necesidad de gracia, venid a Dios por ambas cosas, considerándolo como aquel que es, que era, y que ha de venir. Y hay siete espíritus que están delante de su trono. El Espíritu Santo, de cualquier modo que opere en cualquiera de sus obras divinas en todas estas es el Consolador, la fuente de gracia y paz para nosotros. No hay que tener miedo del Espíritu Santo, aunque sea el Espíritu de juicio y el Espíritu de quemar, porque no quemará en nosotros nada que no deba ser consumido, y no juzgará nada que no deba ser juzgado y condenado; para que la paz nos venga de los siete espíritus que están delante del trono; pero especialmente la gracia y la paz de Jesucristo como el Testigo Fiel. Todo lo que él atestigua, está lleno de gracia y de paz para los creyentes, y él mismo es el primer engendrado de entre los muertos. ¡Qué maravillosa fuente de gracia y de paz es para nosotros su resurrección! Y luego, su soberanía divina, su dominio sobre toda la providencia y la naturaleza, el Príncipe de los reyes de la tierra, ¡qué gracia y paz puede encontrar allí cada uno de los que le aman! Al pensar en esto, el divino escritor pasa de su bendición a una doxología.

— **Charles Spurgeon**

Introducción

Las Sagradas Escrituras emplean parábolas, proverbios, símbolos y muchas ilustraciones tomadas de la vida diaria para permitirnos comprender mejor las profundas verdades divinas.

En toda la Biblia hay lenguaje simbólico. Cuando el Señor Jesús dijo a Nicodemo que es necesario "nacer otra vez", Él estaba usando el nacimiento natural como ilustración de una experiencia espiritual. "He aquí el cordero de Dios", será una expresión muy rara a quien no sepa que es la clave a un símbolo que va desde los primeros capítulos del Génesis hasta los últimos del Apocalipsis.

El uso tan maravilloso de los números es una evidencia clara de la inspiración divina de la Biblia. El significado de un número está expresado en varias maneras. Por ejemplo, cada letra en el hebreo y en el griego tiene un valor numérico: alfa 1, beta 2, etc., y la suma o el producto de las letras en determinada palabra guarda mucha relación con el valor de otras palabras y frases. Veamos como ejemplo el cinco, el cual está usado para mostrar la gracia de Dios frente a la debilidad del hombre. El contexto puede dar la clave: David en su debilidad tomó cinco piedras del arroyo.

El número de palabras o frases en una serie puede ilustrar la idea fundamental. Hay cinco pasos en Lucas 15.20 y cinco señales de reconciliación en 15.22, 23; todo esto para decirnos de la gracia del Padre cuando el pródigo reconoció su condición verdadera.

La frecuencia con que se usa alguna palabra suele ser significativa: cinco veces Juan llama al Espíritu el Consolador; cinco veces se lee de gran alegría, comenzando con el nacimiento de Juan Bautista y terminando con el creyente en la presencia de Cristo.

El lector hará bien en anotar los casos que vienen a su atención, tanto números como colores, minerales, etc. Pronto exclamará que toda la Escritura es inspirada de Dios, y útil.

Colaboré modestamente con Srta. Fanny M. Goff cuando ella preparó la primera edición de esta pequeña obra, y ha sido mi privilegio aportar a esta edición ampliada.

I - Animales Simbólicos

Los animales para el sacrificio y la comida se dividían entre limpios e inmundos. Los limpios tenían la pezuña hendida, simbolizando un andar separado; rumiaban, enseñando la necesidad de meditar en la Palabra recibida. En el sacrificio el macho representa a Cristo en su vida de servicio activo y personal, y en su obediencia perfecta hasta la muerte. La hembra era ofrecida por la contaminación pasiva.

El cordero representa el sacrificio sumiso. Cristo es "el cordero mudo delante del que lo trasquila", Hechos 8.32, "sin mancha y sin contaminación",

1 Pedro 1.19, "santo, inocente, sin mancha —como debería ser el cordero sacrificado en Israel— apartado de los pecadores", Hebreos 7.26.

El macho cabrío siempre está relacionado con el pecado. "Aquel macho cabrío llevará sobre sí todas las iniquidades de ellos", Levítico 16.22, representando a Cristo llevando el pecado "en semejanza de carne de pecado", Romanos 8.3, mas sin pecado. A los cabritos a su izquierda Él dijo: "Apartaos de mí, malditos", Mateo 25.41.

Las tórtolas y los palominos representan a Cristo manso y sufrido en sus pensamientos, afectos y deseos. Estas eran la ofrenda del hombre pobre, como Cristo está representado en Lucas; véase Lucas 2.24.

El león, siendo rey de las bestias, simboliza majestad, poder y soberanía. "He aquí que el león de la tribu de Judá... ha vencido", Apocalipsis 5.5. Mateo representa a Cristo como el Rey.

El buey o becerro nos habla de la sujeción, servicio y resistencia. Es figura del siervo dispuesto para el servicio como también para el sacrificio. Leemos del "buey que trilla",

1 Corintios 9.9. Cristo era el Siervo perfecto, como representado en Marcos.

El águila representa el poder, la visión celestial, descendido del cielo y ascendido de nuevo, cual Hijo de Dios, Apocalipsis 4.7. El Señor está presentado así en el Evangelio según Juan.

El carnero representa a Cristo como el testigo fiel y verdadero, y el sustituto. "Tomó el carnero, y lo ofreció en holocausto en lugar de su hijo", Génesis 22.13.

Las ovejas representan al pueblo de Dios: "Pueblo suyo somos, y ovejas de su prado", Salmo 100.3. "Mis ovejas oyen mi voz... y me siguen", Juan 10.27.

El asno es figura del servicio humilde. Este es el animal inmundo que, al ser llamado por el Señor y llevado a Él, le puede ser útil en servicio. "Un pollino de asno montés nazca hombre", Job 11.12. "Hallaréis un pollino atado... traedlo... el Señor lo necesita", Marcos 11.2, 3.

El caballo nos representa el poder para la guerra, la conquista, la victoria. Apocalipsis 6.2, 19.11.

También hay animales que simbolizan personas y características contrarias a la voluntad de Dios:

El león representa a Satanás, "el príncipe de este mundo", Juan 14.30, "... vuestro adversario el diablo, como león rugiente", 1 Pedro 5.8.

La serpiente representa a Satanás en su carácter como usurpador y destruidor. "El dragón se paró frente a la mujer... a fin de devorar a su hijo", Apocalipsis 12.4.

Los perros hablan en figura de los gentiles. "No está bien tomar el pan le los hijos, y echarlo a los perrillos", Mateo 15.26. "Los perros estarán fuera...", Apocalipsis 22.15.

El puerco representa a los que profesan fe en Cristo sin tener la verdad. Aunque tengan cierto andar distinto, nada tienen por dentro para rumiar. "... vuelve... la puerca lavada a revolcarse en el cieno", 2 Pedro 2.22.

El oso nos hace pensar en el mundo que abraza a su presa. David mató al león y al oso, 1 Sa-muel 17.35.

El leopardo es figura de la ligereza en el andar para agarrar la presa. En Daniel 7.6 éste representa a Alejandro Magno, quien conquistó al mundo en unos pocos años.

Las aves del cielo representan a quienes están sujetos al dominio de Satanás y a los demonios. Las aves arrebatan la buena semilla en Mateo 13.19, y encuentran albergue en la gran Babilonia impía en Apocalipsis 18.2 y Mateo 13.32.

II - Colores Simbólicos

El **blanco** representa la pureza, justicia y santidad. La cortina blanca alrededor del atrio del tabernáculo nos representa la santa ley de Dios. Marcos presenta al Señor con este color: "... sus vestidos se volvieron resplandecientes, muy blancos, como la nieve, tanto que ningún lavador en la tierra los puede hacer tan blancos", Marcos 9.3. "Lávame, y seré más blanco que la nieve", Salmo 51.7. El caballo blanco representa al conquistador; Apocalipsis 6.2, 19.11.

La púrpura (violeta) representa la dignidad imperial; es el color de los reyes. "Le vistieron con un manto de púrpura", Juan 19.2. La cortina del atrio del tabernáculo era de púrpura y otros colores; véase Éxodo 27.16. Mateo presenta al Señor con este color. También la gran ramera estaba "... vestida de púrpura y escarlata...", y es la que "reina sobre los reyes de la tierra", Apocalipsis 17.4, 18.

El azul se identifica con el carácter celestial y la fidelidad. "... pongan en cada franja de los bordes un cordón de azul... para que cuando lo veáis os acordéis de todos los mandamientos de Jehová", Números 15.38, 39. Juan presenta a Cristo con este color, como el Hijo de Dios que descendió del cielo. De nuevo, véase Éxodo 27.16.

El rojo, carmesí y grana son típicos de la carne y sangre. "Él también participó de... carne y sangre", Hebreos 2.14; o sea, la humanidad del Señor. Lucas presenta a Cristo con este color, como el Hijo del Hombre. También la grana y carmesí son figuras de las manchas de pecado que sólo la sangre de Cristo puede emblanquecer; Isaías 1.18. El caballo bermejo simboliza la sangre derramada en guerra; Apocalipsis 6.4.

La escarlata representa la gloria terrenal. "La gran ciudad, que estaba vestida... de escarlata", Apocalipsis 18.16. "La mujer estaba vestida de... escarlata", 17.4.

El verde está asociado con la resurrección, como las hojas verdes brotan en la primavera. "Habrá alrededor del trono un arco iris, semejante en aspecto a la esmeralda", (color verde) Apocalipsis 4.3.

El amarillo representa la pestilencia. "Si... el pelo de ella fuere amarillento... le declarará inmundo", Levítico 13.30. Véase también Apocalipsis 6.8.

El negro nos representa la aflicción, humillación y la oscuridad del infierno. "Mi piel se ha ennegrecido y se me cae", Job 30.30. "... para las cuales está reservada eternamente la oscuridad de las tinieblas", Judas 13. El caballo negro simboliza el hambre en Apocalipsis 6.5.

III - Minerales Simbólicos

Las piedras preciosas son figura de la dignidad. El pectoral "llenarás de pedrería en cuatro hileras de piedras... y llevará Aarón los nombres en el pectoral sobre su corazón", Éxodo 28.17, 29.

La sal es emblema de la pureza, sinceridad y verdad como preservativo. "Vosotros sois la sal de la tierra". "Tened sal en vosotros mismos", Mateo 5.13, Marcos 9.50. "Sea vuestra palabra siempre con gracia, sazonada con sal", Colosenses 4.6.

El agua en plural representa el juicio, como vemos en el Diluvio, Génesis 7.10; "las aguas han entrado hasta el alma", Salmo 69.1. El mar representa la humanidad, las grandes masas de los gentiles. "Vi subir del mar una bestia", Apocalipsis 13.1. El Mar Rojo nos recuerda del bautismo: "Fueron bautizados en la nube y en el mar", 1 Corintios 10.2.

El agua en movimiento representa al Espíritu Santo, como vemos en las frases siguientes: "El que cree en mí, de su interior correrán ríos de agua viva. Esto dijo del Espíritu."... Juan 7.38, 39. "... una fuente de agua que salte para vida eterna", Juan 4.14.

Aplicada al cuerpo, como **en una fuente, el agua** representa la Palabra de Dios. "... lavados los cuerpos con agua pura", Hebreos 10.22. "... para santificarla, habiéndola purificado en el lavamiento del agua por la Palabra", Efesios 5.26.

El bronce simboliza el juicio ejecutado o la resistencia. El altar de bronce es figura del juicio que fue ejecutado sobre el Cordero de Dios. Tocaba al sacerdote juzgarse a sí mismo con el agua de la fuente de bronce.

La roca representa el fundamento, la fortaleza y el refrigerio. "No cayó, porque estaba fundada sobre la roca", Mateo 7.25. "Oh Jehová, fortaleza mía, roca mía y castillo mío", Salmo 18.1, 2. "... sombra de gran peñasco en tierra calurosa", Isaías 32.2.

El oro representa la gloria divina o la naturaleza divina. Todos los muebles del santuario estaban cubiertos de oro puro, y el altar de incienso y la mesa tenían cornisas de oro. "Vemos... a Jesús, coronado de gloria y de honra", Hebreos 2.9.

La plata se asocia con el precio de la redención o del rescate. "Cada uno dará a Jehová el rescate de su persona... medio siclo" (de plata), Éxodo 30.12, 13.

El hierro es simbólico de la fuerza, el poder y el sufrimiento. "... tenía unos dientes grandes de hierro", Daniel 7.7. El imperio romano, que era el más poderoso de los imperios, es simbolizado por las piernas de hierro en Daniel 2.33. "Afligieron sus pies con grillos", (de hierro) Salmo 105.18.

IV - Naciones y Lugares

A malec representa la carne. Fue el primer enemigo que salió contra Israel en el desierto, y de allí en adelante siempre se presentaba cuando menos esperado. "Jehová tendrá guerra con Amalec de generación en generación", Éxodo 17.16.

Los amonitas son el pueblo del hijo ilegítimo de Lot, Génesis 19.38, 1 Samuel 11.1, 11. Su nombre significa "un gran pueblo; incesto" y tipifica a los mundanos que tientan al pueblo de Dios. "Haz alianza con nosotros".

Asiria representa el mundo político, el poder de la maldad o de la conquista egoísta. Dijo Senaquerib el asirio: "¿Cómo podrá vuestro Dios libraros de mi mano?" 2 Crónicas 32.14

Babel / Babilonia, "mezcla, confusión", Génesis 10.10, Daniel 1.1. Es tipo de la tiranía y el poder de la exaltación propia. En Esdras 4.9 los babilonios son súbditos del "grande y glorioso". Babilonia en el Apocalipsis es la iglesia falsa en el pleno desarrollo del pecado. La gran ramera estaba "ebria de la sangre de los santos y de la sangre de los mártires de Jesús", Apocalipsis 17.6. Al ser destruida, "nunca más será habitada", Isaías 13.20. Asiria y Egipto tendrán su lugar en tiempos futuros pero Babilonia será destruida, 14.19, 20.

Belén / Betlehén es la casa de pan. Fue el pueblo donde nacieron David, Jesús, etc. y fue donde Dios bendecía al humilde. "Te enviaré a Belén, porque de sus hijos me he provisto de rey", 1 Samuel 16.1.

Bet-el quiere decir un lugar consagrado a Dios, o la morada de Dios. Él se manifestó repetidas veces en Bet-el y allí el pueblo intentó varias veces una adoración falsa.

Calvario es el lugar de la Calavera, Lucas 23.33, o Gólgota en hebreo, Mateo 27.33. No se sabe exactamente dónde estaba, ni que era un monte. Posiblemente llevó el nombre por haber calavera allí o por la forma del terreno. Jesús "salió" al lugar y padeció "fuera de la puerta", "cerca de la ciudad". Una calavera señala que había vida pero no la hay; había intelecto pero no lo hay. El mundo no conoció a Dios mediante la sabiduría, pero el creyente sale a su Señor fuera del campamento, llevando su vituperio, porque no tenemos aquí ciudad **permanente.**

Canaán, "la mayor humillación". Tierra conocida posteriormente como Palestina, "tierra de extranjeros", ocupada por paganos pero dada a Abram y sus descendientes. "No tomarás para mi hijo de los cananeos, entre los cuales yo habito", Génesis 24.3, ilustración de la separación del creyente de los inconversos. La conquista de Canaán es figura del cristiano en el tiempo presente entrando en el goce de toda la bendición espiritual en los lugares celestiales en Cristo.

Edén, "placer o delicia". "Todos los árboles del Edén, que estaban en el huerto de Dios, tuvieron de él envidia", Ezequiel 31.9. Cual estado original del hombre, es figura del estado eterno por venir; "en Adán todos mueren, también en Cristo todos serán vivificados",

1 Corintios 15.22. "Cambiará su desierto en paraíso;" a saber, en Edén, Isaías 51.3.

Egipto, "tierra negra", representa al mundo como gobernado por Satanás, el mundo de placer social. "Nos acordamos del pescado que comíamos en Egipto de balde, de los pepinos, los melones, los puerros, las cebollas y los ajos", Números 11.5. De esto han sido separados los creyentes; "¡Ay de los hijos que se apartan para descender a Egipto!... pero la fuerza de Faraón os cambiará en vergüenza", Isaías 30.

Filistea representa el mundo de la profesión falsa. Los filisteos vivían en la misma tierra de Israel.

Los griegos tiene el sentido de los gentiles (todos los no judíos) en Romanos 2.9, 10: "al judío primeramente y también al griego", como en 1 Corintios 10.32, donde se divide la humanidad en tres: judío, gentil y la iglesia de Dios. En otros pasajes el griego es un residente de lo que hoy es Grecia, excluyendo a judíos y bárbaros.

Israel. "Un príncipe que prevalece". Un hombre, un pueblo terrenal y un pueblo espiritual (Gálatas 6.16, Romanos 9.6)

Jericó es en tipo el mundo en espera de juicio. La primera mención, Números 22.1, dice que sus moradores tuvieron gran temor cuando Israel acampó frente a la ciudad. "Maldito delante de Jehová el hombre que reedificare esta ciudad", Josué 6.26.

Jerusalén. "La paz poseída; la morada de armonía". Véase *Salem*. El lugar escogido por Dios para adoración y testimonio. "Vosotros decís que en Jerusalén es el lugar donde se debe adorar", Juan 4.20. "Si tú conocieses lo que es para tu paz", Lucas 19.42.

La nueva Jerusalén, la de arriba, es la Iglesia con Cristo en gloria. "Me alegraré con Jerusalén, y me gozaré con mi pueblo", Isaías 65.19. Véase *Sion*.

Moab es representativo del mundo de la inmoralidad, el lujo con flojera y la soberbia. Moab, el otro hijo de Lot, nació del incesto. "Hemos oído la soberbia de Moab", Isaías 16.6.

Palestina. Véase *Canaán*.

Salem. El lugar de paz. "Rey de Salem, esto es, Rey de paz", Hebreos 7.2. Véase *Jerusalén*; se entiende que se trata de lo mismo.

Samaria. Los samaritanos descendieron de israelitas desterrados y de extranjeros. Samaria representa la religión mixta. Omri compró el monte de Samaria y edificó allí e hizo lo malo, 1 Reyes 16.25. "En ciudad de samaritanos no entréis", Mateo 10.25.

Sion en sí es un cerro en Jerusalén; es usado como figura del lugar de gobierno terrenal en el milenio. "Vendrá de Sion el Libertador", Romanos 11.26. Habrá tanto "el monte de Sion" para el pueblo terrenal de Dios como "Jerusalén la celestial" para nosotros su pueblo espiritual, Hebreos 12.23.

Sodoma tipifica el modo de ser del inconverso en su atracción ilícita para el hijo de Dios. "Hubo sodomitas en la tierra, e hicieron conforme a todas las abominaciones de las naciones", 1 Reyes 14.24. "Como Sodoma habríamos venido a ser", Romanos 9.29.

Tiro representa el mundo comercial, el orgullo. "Con la grandeza de tu sabiduría en tus contrataciones has multiplicado tus riquezas; y a causa de tus riquezas se ha enaltecido tu corazón", Ezequiel 28.5.

El camino nos habla del acceso a Dios y de la comunión con Él, o, en el caso del incrédulo, del acto de alejarse de Él. Tan pronto que Adán pecare, los querubines guardaron el camino del árbol de la vida. Los primeros creyentes eran "de este Camino" pero Saulo de Tarso iba en el camino a perseguirlos, Hechos 9.2, 3. Cristo nos abrió camino nuevo y vivo, Hebreos 10.20 pero Balaam y Caín escogieron los suyos propios, 2 Pedro 2.15, Judas 11.

El campo "es el mundo", Mateo 13.38. Es donde Caín mató a su hermano y es lo que Judas compró para morir allí. En el milenio "en el campo fértil morará la justicia", Isaías 32.15

La ciudad representa la sociedad, bien sea en su colaboración para independizarse de Dios o en el interés mutuo como comunidad de salvos. Caín edificó la primera ciudad, habiendo huido de la presencia divina, Génesis 4.17. Los hombres ambiciosos de Babel querían edificar una, acaso fueran esparcidos, 11.5. El que se gloría en las oportunidades mundanas dice, "Iremos a tal ciudad", Santiago 4.13. Los creyentes en su testimonio al mundo son como una ciudad asentada, Mateo 5.14. Ellos no tienen aquí ciudad permanente sino esperan la que Dios ha preparado, que es la congregación de su pueblo, Hebreos 12 y 13.

El desierto es figura del mundo presente para el creyente; él está allí de paso, rumbo a su morada mejor. "El día de la tentación en el desierto, donde vieron mis obras cuarenta años", Hebreos 3.8. Sólo en el milenio "se alegrarán el desierto y la soledad", Isaías 35.1

El Mar Rojo. El paso del Mar Rojo nos presenta en figura la muerte y resurrección de Cristo a favor nuestro. Israel huyó del enemigo perseguidor y al otro lado del mar cantó que Jehová "ha sido mi salvación", Éxodo 15.2. Fue el final de una esclavitud y el comienzo de una peregrinación, lo cual corresponde al momento de la salvación por fe en la obra de Cristo.

La montaña o el monte es el lugar de comunión con Dios o, en cambio, el de la falsa adoración. "En el monte de Jehová será provisto", Génesis 22.14. "Serviréis a Jehová sobre este monte", Éxodo 3.12. Una ciudad asentada sobre un monte —el pueblo de Dios en comunión con Él— no se puede esconder. "Me llevó en el Espíritu a un monte", Apocalipsis 21.10. En cambio, la mujer samaritana se jactó de que sus padres adoraban en "este monte". El diablo llevó al Señor a un monte para tentarle con las glorias mundanas. El juicio del diluvio se define al decir que las aguas cubrieron "todos los montes altos".

El río señala bien sea *(a)* la bendición divina que fluye al hombre justo; *(b)* la separación que divide al justo del injusto; *(c)* la amenaza satánica contra los justos. En cuanto al *(a)*, un río regaba al Edén, y en la ciudad celestial un río saldrá del trono de Dios. En cuanto al *(b)*, el desterrado Ezequiel vio visiones de Dios al lado del río, y Pablo se encontró en peligros de ríos. En cuanto al *(c)*, Faraón ordenó echar al río a los recién nacidos, y el dragón del Apocalipsis 12 echará de su boca un río.

El río Jordán. El paso del Jordán es una ilustración de la muerte y resurrección del creyente con Cristo. Compara esto con el paso del Mar Rojo. El arca precedió al pueblo, y ellos siguieron de lejos, Josué 3. Piedras fueron sepultadas, figura de Jesús en las horas de tinieblas y de la muerte del creyente con Él; piedras fueron levantadas, figura de su resurrección y la vida nueva del creyente. El bautismo en el Nuevo Testamento encierra el mismo simbolismo.

El valle señala tiempo de crisis. Hay el valle de lágrimas, de decisión, de la sombra de muerte, de esperanza y de visión. "Mire tu proceder en el valle, conoce lo que has hecho...", Jeremías 2.23. "Descendí a ver los frutos del valle", Cantar 6.11.

V - Números Simbólicos

Uno. El número uno es el de la unidad. Su idea fundamental es la exclusión de las diferencias, porque no se puede dividir. Como número ordinal es el primero, el principio. Primeramente, pues, este número habla de Dios, como se puede apreciar en Deuteronomio 6.4: "Jehová nuestro Dios, Jehová uno es".

Dos. Es el número de comunión, crecimiento y testimonio. "El testimonio de dos hombres es verdadero", Juan 8.17. "Mejores son dos que uno", Eclesiastés 4.9. "... donde están dos o tres congregados...", Mateo 18.20.

La unión mal aplicada trae división, conflicto y enemistad; por tanto, dos simboliza también el poder de la maldad entre enemigos de Dios. "... en el segundo carro caballos negros", Zacarías 6.2. La muerte segunda; Apocalipsis 20.14.

Tres. Es el número de la plenitud divina y del testimonio abundante. "En boca de dos o tres testigos conste toda palabra", Mateo 18.16. El hecho de que haya tres personas en la Deidad testifica la abundancia del deseo divino de bendecirnos. La plenitud del testimonio del Evangelio está expresado en tres verdades en 1 Corintios 15: Cristo murió por nuestros pecados, fue sepultado y resucitó al tercer día. Los tres días de viaje pedidos por Moisés para el pueblo de Israel testificaban de su separación de Egipto.

Cuatro. Es el primer número que admite una división sencilla, dividiéndose entre dos. Así que éste es el número de la criatura en su debilidad en contraste con el Creador. Es el número que simboliza la universalidad terrenal, y por esto tiene el sello de la debilidad en sí. Unos ejemplos son: "... los cuatro ángulos de la tierra", Apocalipsis 20.8; "vi a cuatro ángeles en pie sobre los cuatro ángulos de la tierra que detenían los cuatro vientos de la tierra", Apocalipsis 7.1. Hay cuatro razas humanas. El altar cuadrado corresponde a los cuatro puntos cardinales, dándonos a entender que el sacrificio de Cristo basta para toda la humanidad.

Cinco. Representa la gracia divina junto con la debilidad humana. El altar del tabernáculo tenía cinco codos de largo y cinco de ancho. Esto demuestra que, aun cuando Cristo fue crucificado en debilidad - 2 Corintios 13.4 - es por aquella muerte que la gracia divina se revela a nosotros.

Este número se puede separar en 4 y 1, o sea, la humanidad y la divinidad. Cuando David salió contra Goliat, escogió cinco piedras lisas. Salió sin armadura y en debilidad, pero contando con la gracia divina para destruir el gigante.

Seis. Este es el número del hombre, indicando el alcance del logro humano. Es el número de la imperfección en contraste con el siete, el número perfecto, porque lo mejor del hombre nunca alcanza la perfección. "El número de la bestia es número de hombre. Y su número es seiscientos sesenta y seis", Apocalipsis 13.18. La altura de Goliat era seis codos; otro gigante tenía seis dedos en las manos y en los pies; la imagen de Nabucodonosor era de sesenta codos de altura y seis de anchura. Durante las seis horas que Cristo estaba sobre la cruz los hombres llegaron al colmo de su maldad en su ira contra Él.

Siete. Es el número de la perfección divina. El séptimo día marcó la perfección de la obra creativa de Dios. "... los siete espíritus que están delante de su trono", Apocalipsis 1.4, simbolizan la perfección de Dios el Espíritu Santo. El candelero del tabernáculo tenía siete lámparas, que se relacionan con los siete espíritus de Apocalipsis 1.4.

Muchas veces el número siete indica sólo una visión completa. Las siete cartas a las siete iglesias de Asia dan la historia entera de la Iglesia. Los siete sellos aseguraron completamente el libro. Las siete copas estaban "llenas de la ira de Dios". Siete es la suma de cuatro más tres. Esto se ve en la visión completa del reino de los cielos dada en las siete parábolas de Mateo capítulo 13: las cuatro primeras tienen un aspecto externo del mundo,

y las tres últimas revelan la mente divina.

Hay veces cuando el número siete representa la plenitud de la maldad, como por ejemplo los siete espíritus de Mateo 12.45 y las siete cabezas de la bestia en el Apocalipsis 13.

Ocho. Este número es introducido después del fin de un orden anterior. El octavo día es el primer día de una semana nueva, y así el ocho es el número de la resurrección. Nos habla de lo que es nuevo en contraste con lo viejo, sugiriendo un pacto nuevo o la creación nueva.

La circuncisión se practicaba el octavo día: "... al echar de vosotros el cuerpo pecaminoso carnal, en la circuncisión de

Cristo", Colosenses 2.11. Esto se relaciona con la nueva creación en Cristo Jesús para buenas obras, Efesios 2.10. La consagración de los sacerdotes duraba siete días, y el octavo día ellos empezaron sus ministerios. La transfiguración fue al octavo día, y representa la edad nueva cuando "se manifieste el Señor Jesús desde el cielo con los ángeles de su poder", 2 Tesalonicenses 1.7. El octavo salmo anuncia el reino del Señor.

Nueve. El número del Espíritu; el fin de la época. El fruto del Espíritu, Gálatas 6.22, 23 consta de nueve cualidades. Son nueve los dones del Espíritu, 1 Corintios 12.8 al 10. En relación con el jubileo, Israel comía del fruto añejo hasta el noveno año, Levítico 25.22. A la hora novena Jesús expiró, Marcos 15.33 al 37.

Diez. Este es el producto de cinco por dos. Los diez dedos de las manos y de los pies nos señalan respectivamente la capacidad del hombre para hacer y andar bien. La medida de la capacidad es la medida de la responsabilidad, y la medida de la responsabilidad determina el grado del juicio o de la recompensa. Hubo diez plagas en Egipto.

Los diez mandamientos estaban escritos en dos tablas, e indicaban la medida de la responsabilidad del hombre. En las diez vírgenes de la parábola de Mateo 25, la responsabilidad está puesta en vigor. Los diezmos demandados por Dios a Israel son indicación que su ganancia estaba compuesta de diez partes, de las cuales Dios recibía una en reconocimiento de su soberanía.

Doce. Es el número de la administración o de la soberanía manifiesta. Los doce meses indican la administración de Dios en la naturaleza; las doce tribus igualmente demuestran su administración en el gobierno de Israel. Los doce apóstoles tienen que ver con su administración en el cristianismo. Los doce nombres sobre los hombros del pontífice de Israel son figura de la administración del Señor en poder a favor de su pueblo, mientras que las doce piedras preciosas sobre su pecho son símbolo de su administración en amor.

Veinte. Este número es el producto de cuatro por cinco, y tenemos que buscar su significado en estos dos. Ya hemos visto que cuatro es el número universal y que cinco significa la gracia divina frente a la debilidad humana. La puerta del atrio del tabernáculo sirve de ejemplo para ilustrar lo que significa este número; aquella puerta tenía veinte codos de ancho, un símbolo apto de aquella gracia que ofrece entrada libre a la salvación a todo pecador. El perímetro del altar de bronce era de la misma medida, o sea, de veinte codos. Fue por el sacrificio de Cristo prefigurado por aquel altar, que Dios demostró su gracia hacia los de los cuatro puntos cardinales del mundo.

Veinticuatro. Adoración a Dios y gobierno de Dios en los cielos. Juan vio veinticuatro tronos y ancianos alrededor del trono, Apocalipsis 4.4. Primicia de esto se encuentra en los veinticuatro turnos de los sacerdotes de Salomón con sus divisiones de 2400 personas cada una. Este número es la realización eterna de todos los atributos positivos en dos, tres, cuatro, seis, ocho y doce.

Treinta. Está asociado con el comienzo de la productividad después de un período de preparación. Véase *sesenta* para el fin de este ciclo. "Era José de treinta años...", Génesis 41. "Era David de treinta años", 2 Samuel 5.4. "Jesús mismo al comenzar su ministerio era de como treinta años", Lucas 3.23. A Daniel le fue dado un lapso de treinta días para ver a quién servía, 6.7. Treinta figura en el arca de Noé, el tabernáculo de Moisés y los templos de Salomón y Ezequiel, mayormente en relación con recintos provistos para comunión con Dios.

Cuarenta. Es otro múltiple de cuatro, pero esta vez con diez. Hemos visto que el diez es la medida de la plenitud de la responsabilidad del hombre hacia Dios y hacia su prójimo; así el cuarenta es el número de la prueba. En el diluvio llovió cuarenta días y cuarenta noches sobre la tierra: una catástrofe universal. Noé esperó cuarenta días después del decrecimiento de las aguas antes de abrir la ventana del arca. La vida de Moisés fue dividida en tres períodos de cuarenta años. El pueblo de Israel pasó cuarenta años en el desierto.

Los reinados de Saúl, David y Salomón duraron cuarenta años cada uno. A los hombres de Nínive les fueron dados cuarenta días para arrepentirse. El Señor estuvo en el desierto cuarenta días, donde fue tentado por Satanás. El ascendió al cielo cuarenta días después de su resurrección.

Cincuenta. Es típico de la libertad y la redención. "Santificaréis el año cincuenta, y pregonaréis libertad en la tierra", Levítico 25.10. "¿No perdonarás al lugar por amor a los cincuenta justos?" Génesis 18.24. "Tome tu cuenta y escribe cincuenta", Lucas 16.6. Como complemento a la libertad, cincuenta habla de la bendición impartida en el poder del Espíritu. Hubo cincuenta días entre las primicias de una cosecha y otra, Levítico 23.16; compárese Hechos 2.1: "pentecostés" o cincuenta. El Señor dio los panes a grupos de cincuenta.

Sesenta. Este número es usado para significar el alcance de cierto límite, pero no la plenitud. Los únicos hijos de Isaac nacieron cuando él era de edad de sesenta años, Génesis 25.26. La semilla produjo a treinta, a sesenta y a ciento por uno, Marcos 4.8. La viuda no menor de sesenta años recibe una atención especial, 1 Timoteo 5.9.

Setenta. Este número es el producto de diez por siete, y significa la perfección divina unida a la responsabilidad humana. Así, Dios mandó a Moisés a escoger setenta ancianos para que gobernasen a Israel, en contraste a la organización que le había aconsejado Jetro. La ofrenda de cada príncipe fue de setenta siclos de plata; Números 7.13. El pueblo de Judá estuvo cautivo en Babilonia por setenta años. Cuando Pedro preguntó a Cristo cuántas veces debía perdonar a su hermano, el Señor le contestó que debía hacerlo setenta veces, Mateo 18.22. El Señor envió a setenta discípulos a predicar el evangelio, Lucas 10.1.

Cien. Sugiere la plenitud. "... aunque un hombre engendrare cien hijos; aunque el pecador haga mal cien veces", Eclesiastés 6.3, 8.12. "... recibirá cien veces más, y heredará la vida eterna", Mateo 19.29.

Mil. Encierra la idea de una gran cantidad pero en contraste con otra cantidad todavía mayor. "Saúl hirió a sus miles, y David a sus diez miles", 1 Samuel 18.7. "Midió mil codos, y me hizo pasar... Midió otros mil, y era un río que yo no podía pasar", Ezequiel 47.3, 5. Los mil años del glorioso reino terrenal son a su vez representativos de la eternidad mucho más glorioso y sin fin.

Diez mil. Una cantidad innumerable. "¿Cómo podría perseguir uno a mil, y dos hacer huir a diez mil, si su Roca no los hubiese vendido?" Deuteronomio 32.30. "Aunque tengáis diez mil ayos en Cristo, no tendréis muchos padres", 1 Corintios 4.15.

VI - Plantas Simbólicas

La higuera simboliza la santidad o la espiritualidad en el fruto y no en las hojas; o sea, en realidad y no en apariencia. Adán quiso aprovecharse de las hojas, Génesis 3.7. El Señor buscó fruto en la higuera, Mateo 24.32. Fue usada para la curación del cuerpo, Isaías 38.21.

El olivo simboliza la bendición divina. "Yo estoy como olivo verde en la casa de Dios", Salmo 52.8. "Tus hijos como plantas de olivo alrededor de tu mesa", Salmo 128.3.

A diferencia de otras plantas, Dios reconoce valor en las raíces y las ramas del olivo; véase Romanos 11.

La vid simboliza el fruto para Dios solamente por permanecer en la vid. "Como el pámpano no puede llevar fruto por sí mismo, si no permanece en la vid, así tampoco vosotros, si no permanecéis en mí", Juan 15.4. El producto de la vid es el vino "que alegra el corazón del hombre", Salmo 104.15.

También **estas tres matas** simbolizan a la nación de Israel: La higuera en su responsabilidad religiosa; "De la higuera aprended la parábola...", Mateo 24.32. El olivo en su distintivo carácter político; "Olivo verde, hermoso en su fruto y en su parecer, llamó Jehová tu nombre", Jeremías 11.16. La vid en su deber espiritual; "Tenía mi amado una viña... la había plantado de vides escogidas...", Isaías 5.1, 2.

El olivo silvestre tipifica a los gentiles que Dios aceptó a falta de un Israel cumplido. "Tú, siendo olivo silvestre, has sido injertado en lugar de ellas, (o sea, en lugar de las ramas naturales), Romanos 11.17. La vid verdadera, Juan 15.1, es Cristo, a diferencia de Israel infiel.

Mirra era una mata exprimida para saciarse de su perfume dulce. Así Cristo tiene un olor grato a Dios como resultado de haber sido exprimido en la cruz. La iglesia de Esmirna ("mirra") daba un olor grato como resultado de la persecución recibida y su sufrimiento por Cristo.

El incienso puro señala la fragancia y completa devoción que Cristo llevó ante Dios.

"En todo lugar se ofrece a mi nombre incienso y ofrenda limpia, porque grande es mi nombre", Malaquías 1.11. El incienso está asociado con la oración, tal vez por la relación estrecha que ésta lleva con la adoración. "Suba mi oración delante de ti como el incienso", Salmo 141.2; "... copas de oro llenas de incienso, que son las oraciones de los santos", Apocalipsis 5.8.

La flor de harina indica la perfecta naturaleza humana en la vida de Cristo. Fue amasada con aceite como figura del Espíritu sobre Él. La flor de harina era de grano superior al de "la harina" —véase que hay distinción en 1 Reyes 4.22.

La acacia representa la perfecta humanidad de Cristo. Es una madera incorruptible, y fue usada en los muebles del tabernáculo, los cuales forrados de oro o de bronce.

El almendro representa la resurrección. Es la primera mata que florece en la primavera. "Veo una vara de almendro... Bien has visto; porque yo apresuro mi palabra para ponerla por obra", Jeremías 1.11, 12.

El arrayán representa el gozo. "... los árboles darán palmadas de aplauso... y crecerá arrayán", Isaías 55.12.

Espinos y cardos representan la maldición por rechazar la gracia. "Maldita será la tierra... Espinos y cardos te producirá", Génesis 3.17, 18. Véase Hebreos 6.8.

El cedro es figura de la fuerza, el crecimiento y la gloria humana. "... todos los cedros del Líbano altos y erguidos", Isaías 2.13.

El hisopo es simbólico de la humildad, la fe al alcance de todos, como en Éxodo 12.22, no obstante la debilidad humana. Tenía que ser redimida con sangre, como también el cedro, Levítico 14.4. "Purifícame con hisopo", Salmo 51.7.

La hierba representa la gloria de la naturaleza. "La hierba del campo... Dios la viste así".

Es la gloria pasajera del hombre: "Toda carne es como hierba y toda la gloria del hombre como flor de la hierba. La hierba se seca, y la flor se cae", 1 Pedro 1.24.

El lirio es figura de la hermosura y exaltación. "Considerad los lirios... ni aun Salomón con toda su gloria se vistió así como uno de ellos", Mateo 6.29.

La palmera representa la victoria, rectitud y prosperidad. "... una gran multitud... vestidos de ropas blancas, y con palmas en las manos", Apocalipsis 7.9. "El justo florecerá como la palmera", Salmo 92.12.

La levadura representa lo malo. "La levadura de los fariseos, que es la hipocresía", Lucas 12.1. En lo moral hay levadura de malicia y maldad, 1 Corintios 5.8, y en lo doctrinal hay la de Gálatas 5.9, que es un estorbo para no obedecer la verdad. La levadura se excluía de las ofrendas, excepto aquellas que enseñan que hay mal en el ser humano.

El manzano: refrigerio y fragancia. "Como el manzano entre los árboles silvestres, así es mi amado entre los jóvenes", Cantares 2.3. "Manzana de oro... es la palabra dicha como conviene", Proverbios 25.11.

La miel habla de la dulzura que apela al hombre pero no a Dios. Estúdiense Levítico 2.11, Isaías 7.15 y Apocalipsis 10.9

VII - Ceremonias y Utensilios

El bautismo es la confesión de una buena conciencia delante de Dios, 1 Pedro 3.21, y a la vez el testimonio a otros de andar en la virtud de una vida nueva, Romanos 6.4. Hemos sido bautizados en la muerte de Cristo; somos sepultados para muerte. Hemos venido a ser unidos con Él en la semejanza de su muerte y lo seremos también por la semejanza de su resurrección. Esta es la enseñanza del bautismo en agua en Romanos 6.5 y Colosenses 2.12. El paso del río Jordán y la circuncisión de la carne expresaban estas ideas en Israel.

La Cena del Señor es una conmemoración, 1 Corintios 11.24, 25; es también un anuncio, 11.26. La Cena y la mesa simbólica son señales de comunión con Cristo y los hermanos, 10.16, y de separación del mundo, 10.21. La Cena gira en torno del comer del pan y beber de la copa, y es este acto en conjunto que el Señor llama "esto". El "esto" es su cuerpo: Mateo 26.20, Marcos 14.22, Lucas 22.19. El "esto" es su sangre, según leemos en Mateo y Marcos. En Lucas el lenguaje es distinto por cuanto se habla en 22.17 de la copa de la pascua y en 22.20 de la copa de la Cena. En Corintios el lenguaje es "comed" y "haced esto". La Cena se celebra hasta que Cristo venga, pero no para conmemorar o anunciar su venida. Se relaciona con la vida que el Señor dio y el pacto que estableció, pero no es para conmemorar la resurrección en sí.

La circuncisión es simbólica del despojo del viejo hombre con sus hechos, echando de uno el cuerpo pecaminoso carnal, Colosenses 2.11 y 3.9. Véase Filipenses 3.3. Cuando Josué renovó la práctica, dijo que Israel había quitado de sí el oprobio de Egipto, 5.2.

La copa o el cáliz es figura de la suerte, la condición o el destino de uno. Ejemplo tenemos en las copas del sueño de Génesis 40. "Mi copa está rebosando", Salmo 23.5. "Tomaré la copa de salvación", 116.13. En Isaías 51.17, 22 hay el cáliz de ira y aturdimiento. "La copa que el Padre me ha dado", Juan 18.11.

En la Cena del Señor la copa es uno de los memoriales de Cristo en su muerte; es el nuevo pacto en su sangre y es su sangre del nuevo pacto, Lucas 22.20, Mateo 26.28. La copa de bendición que bendecimos es la comunión de la sangre de Cristo en contraste con la copa de demonios que corresponde al inconverso. El Señor puso fin al régimen viejo con participar de la copa de la pascua, y dio comienzo a la comunión nueva con participar de la copa de la Cena. La copa contiene vino pero no es el vino el símbolo que se menciona en relación con la Cena.

La imposición de manos de parte de Moisés para con Eleazar en Números 27.18 fue para manifestar que había puesto su dignidad sobre él.

La lámpara (que no es el candelero) es símbolo de la presencia y obra de Dios en una persona o en su pueblo. David era lámpara de Dios en Israel, 2 Samuel 21.17, pero dijo, "Tú eres mi lámpara, oh Jehová", 22.29. "La lámpara del cuerpo es el ojo", Lucas 11.34, y con la lámpara la mujer encontró la moneda, 15.8. "Lámpara de Jehová es el espíritu del hombre", Proverbios 20.27. Las Escrituras son lámpara, Proverbios 6.23.

La mesa es el lugar de comunión; está relacionada con la idea del sustento. Presenta a Cristo como el alimento de su pueblo, no como el maná en el desierto sino especialmente en relación con la adoración en el santuario. "La altura del altar era de tres codos... esta es la mesa que está delante de Jehová;" "Ellos entrarán en mi santuario, y se acercarán a mi mesa", Ezequiel 41.22, 44.16. Mefiboset fue traído de su lugar de alejamiento para sentarse a la mesa; Lázaro también. Hace contraste

1 Corintios 10.21 entre la comunión con el mundo ("la mesa de los demonios") y con el Señor ("la mesa del Señor"); esta última debe ser la experiencia diaria del creyente, expresada de una manera particular en la Cena.

El pan es figura de Cristo como el sustento de su pueblo; el hecho de comérselo representa la apropiación para sí, o sea, la apreciación personal de Él. Era la comida de los sacerdotes en Israel, Levítico 24.9; compárese con el maná, que era para todos. "El pan que yo le daré es mi carne", Juan 6.51; no era la Cena sino *(a)* el creer para vida eterna y *(b)* a diario para sustento. Por cuanto todos dependemos de Él, "siendo un solo pan... somos un cuerpo", 1 Corintios 10.17, haciendo ver la unidad de la Iglesia.

La unción con aceite es un gesto de respeto, Marcos 14.8, o la comunicación de una bendición. "Unges mi cabeza con aceite", Salmo 23.5. Moisés ungió a Aarón "para santificarlo", Levítico 8.12.

VIII - El Cuerpo y su Vestimenta

La cabeza es vista en las Escrituras como el asiento de la vida y autoridad. Al dar su vida, Jesús inclinó la cabeza, Juan 19.30. Herodías pidió la cabeza de Juan Bautista, Mateo 14.7. "Levantará Faraón tu cabeza… quitará Faraón tu cabeza", Génesis 40.13, 19. Cristo es cabeza de todo hombre, 1 Corintios 11.3; de la Iglesia, Colosenses 2.19; del universo, Efesios 1.22, Colosenses 2.10.

El cabello se relaciona con la gloria o dignidad de uno y la cabeza rapada es señal de vergüenza. Para el orgulloso Absalón el cabello era símbolo de su hermosura y para Sansón, de su separación y fuerza; para la rebelde Israel en la gran tribulación, la cabeza rapada de la mujer simbolizará la nación, Isaías 3.24.

El control sobre el cabello exterioriza sumisión a una autoridad superior: El nazareo tenía que dejarlo crecer, contrario a la costumbre de sus conciudadanos; a los sacerdotes aprobados para servicio en el templo milenario les será prohibido tanto raparse como dejarse crecer el cabello por tiempo indefinido, Ezequiel 44.20; véase también Levítico 21.5. La mujer cristiana deja crecer su cabello en señal de la gloria que Cristo ha impartido a la Iglesia que es su cuerpo, pero el varón no deja crecer el suyo en señal de que hay una autoridad superior a él en la iglesia,

1 Corintios 11.

La capa y la túnica parecen encerrar la idea de una debida relación de uno ante los demás; o sea, la desnudez cubierta. Ejemplos tenemos en Adán y Eva; Booz con Rut; Jeroboam con su capa nueva, queriendo gobernar toda la nación, pero fue rota la capa, como sería la nación.

El cinto nos señala la preparación personal y la disposición de servir. Hechos 12.11. Una figura del Israel indolente fue el cinto podrido, Jeremías 13.1 al 11.

El velo, el sombrero o cualquier otra cubierta para la cabeza es señal de sumisión para la mujer o vergüenza para el varón; la diferencia de interpretación se debe a que ella es gloria del varón pero él es gloria de Cristo.

Este símbolo es parecido al del cabello para la dama, pero con la diferencia de que la condición del cabello es de relativamente largo plazo pero el cubrirse la cabeza es momentáneo. De allí la diferencia en 1 Corintios 11; la cubierta se refiere a la reunión en iglesia. Fue sólo al ver a su esposo que Rebeca tomó el velo, Génesis 24.65. David en su destierro cubrió la cabeza y quitó los zapatos, 2 Samuel 15.30.

Cuando Amán supo de su derrota, cubrió la cabeza, Ester 6.18. El varón no afrenta su cabeza en la congregación por cuanto Cristo es su Cabeza. La vestidura en general revela el carácter o la condición de uno. Tan pronto que pecaron nuestros primeros padres, ellos veían la necesidad de cubrirse, Génesis 3.7. La última mención de vestiduras dice que son las acciones justas de los santos, Apocalipsis 19.8. El creyente está ordenado a vestirse en sentido figurativo: Efesios 4.24, 6.11, Colosenses 3.12, 1 Tesalonicenses 5.8.

El zapato o el calzado parecen estar relacionado con la seguridad y dignidad personal. Uno se quitaba los zapatos para mostrar reverencia, Éxodo 3.5, y el calzado ajeno para mostrar repudio, Deuteronomio 25.9, Rut 4.7. Vendieron al padre por un par de zapatos, Amos 2.6. El creyente, como el hijo pródigo al regresar, se calza del evangelio, Efesios 6.15.

IX - Los Cuatro Evangelios

Mateo	Marcos	Lucas	Juan
Púrpura	Blanco	Rojo	Azul
El reino	"en seguida"	"un hombre"	La vida/amar
21 parábolas	8 parábolas	29 parábolas	ninguna
20 milagros	19 milagros	19 milagros	8 milagros

Cristo como—

Mateo	Marcos	Lucas	Juan
El Rey	El Siervo	El Hombre	El Hijo
El Poderoso	El prosperado	El niño nacido	El Hijo dado
El Esposo De la casa	El señor	El hombre noble	El Anfitrión
El León	El buey	La tórtola	El Águila

Did you love *Símbolos en la Biblia: Sana Doctrina Cristiana*? Then you should read *Analizando la Enseñanza de la Labor: La Guía de Dios para el Trabajo*[1] by Sermones Bíblicos!

[2]

En este libro, profundizaremos en un tema clave para la vida cristiana: el llamado a trabajos específicos. Desde diferentes pasajes bíblicos, examinaremos y discutiremos la relevancia de la dirección divina en el trabajo, la trinidad y su relación con nuestro trabajo, la diferencia entre el trabajo eclesiástico y el trabajo no eclesiástico, el llamado al trabajo creativo y redentor de Dios y otros temas relacionados. Ofreceremos enlaces para que el lector se adentre aún más en aspectos educativos del

1. https://books2read.com/u/3LN6ON

2. https://books2read.com/u/3LN6ON

trabajo y abordaremos el tema de la libertad con la que los cristianos trabajan. *Esta obra conectará los principios de la enseñanza a la realidad para que encuentres tu propia libertad laboral como creyente de tu Señor.*

Also by Fanny M Goff

Sobrevolando la Biblia

Símbolos en la Biblia: Sana Doctrina Cristiana

Standalone

Symbols in the Bible: Animals, Colors, Minerals, Nations, Places, Numbers, Floors, Ceremonies, Utensils, Clothing

Also by Sermones Bíblicos

Estudiando El Tabernáculo de la Biblia
El Tabernáculo: Descripción de sus Componentes
Principios Bíblicos para una Iglesia: Ilustrados por El Tabernáculo
El Tabernáculo: En el Desierto y las Ofrendas
El Tabernáculo: Las Ofrendas Levíticas, el Sacrificio de Expiación
El Tabernáculo: Un santuario Terrenal

Estudio Bíblico Cristiano Sobrevolando la Biblia con Enseñanzas de la Sana Doctrina
Estudio Bíblico: Génesis 1. La Creación en Seis Días
Estudio Bíblico: Génesis 2. Estatutos de la Creación
Estudio Bíblico: Génesis 3. La Caída del Hombre
El Tabernáculo: En el Nuevo Testamento
Estudio Bíblico: Génesis 4. Aconteció Andando el Tiempo; Presente, Tributo, Oblación
Estudio Bíblico: Génesis 5. El Mensaje que Dios tiene para Nosotros en esta Genealogía

La Historia de Noé: Su Entorno, Su Experiencia, El Mandato y El Pacto
Estudio Bíblico: Sana Doctrina Cristiana: Introducción a la Biblia

La Enseñanza del Trabajo en la Biblia
Analizando la Enseñanza del Trabajo en Éxodo: De la Esclavitud a la Liberación
Analizando la Enseñanza del Trabajo en Levítico: Alcanzar el Espíritu de la Ley en el Trabajo
Analizando la Enseñanza del Trabajo en Números: La Experiencia de Israel en el Desierto para Nuestros Desafíos Actuales
Analizando la Enseñanza del Trabajo en Deuteronomio: Una Perspectiva para la Vida Laboral Actual
Analizando la Enseñanza del Trabajo en Josué y Jueces: ¡La Motivación para el Trabajo Arduo!
Analizando la Enseñanza del Trabajo en Rut: Un Referencial para el Autocrecimiento y Superación
Analizando la Enseñanza del Trabajo en Samuel, Reyes y Crónicas: Un Estudio de Liderazgo en la Antigüedad
Analizando la Enseñanza del Trabajo en Esdras, Nehemías y Ester: Una Mirada al Pasado para Orientar nuestras Futuras Labores
Analizando la Enseñanza del Trabajo en Job: Ejemplo Espiritual y Profesional para la Vida Laboral
Analizando la Enseñanza del Trabajo en Salmos: Ética, Obras y Palabras

Analizando la Enseñanza del Trabajo en Génesis: El Proposito de la Vida en la Tierra

Analizando la Enseñanza del Trabajo en El Pentateuco

Analizando la Enseñanza del Trabajo en los Libros Históticos: Aplicando la Biblia al Trabajo Práctico

Analizando la Enseñanza del Trabajo en El Pentateuco y Libros Históricos

Analizando la Enseñanza de la Labor: La Guía de Dios para el Trabajo

La Enseñanza en la Clase Bíblica

Estudiando la Enseñanza en la Clase Bíblica: Guía para Maestros

Los Cuatro Evangelios de la Biblia

Analizando Notas en el Libro de Mateo: Cumplimientos de las Profecías del Antiguo Testamento

Los Cuatro Evangelios de la Biblia

Analizando Notas en el Libro de Marcos: Encontrando Paz en Tiempos Difíciles

Analizando Notas en el Libro de Lucas: El Amor Divino de Jesús Revelado

Analizando Notas en el Libro de Juan: La Contribución de Juan a las Escrituras del Nuevo Testamento

Himnos del Evangelio
El Tabernáculo en la Biblia: Como Enseñar el Tabernáculo

About the Author

Esta serie de estudios bíblicos es perfecta para cristianos de cualquier nivel, desde niños hasta jóvenes y adultos. *Ofrece una forma atractiva e interactiva de aprender la Biblia,* con actividades y temas de debate que le ayudarán a profundizar en las Escrituras y a fortalecer su fe. Tanto si eres un principiante como un cristiano experimentado, esta serie te ayudará a crecer en tu conocimiento de la Biblia y a fortalecer tu relación con Dios. Dirigido por hermanos con testimonios ejemplares y amplio conocimiento de las escrituras, *que se congregan en el nombre del Señor Jesucristo Cristo en todo el mundo.*

About the Publisher

Editor

Elvis A. Betancourt T. 4135 Stoney Creek Dr., Lincolnton, NC 28092 *elvisbetancourtt@gmail.com*

Contáctenos

Preguntas y comentarios generales: *seminitt25@gmail.com*

www.ingramcontent.com/pod-product-compliance
Lightning Source LLC
Chambersburg PA
CBHW052237150726
48002CB00003B/1465